BEI GRIN MACHT SICH
WISSEN BEZAHLT

- Wir veröffentlichen Ihre Hausarbeit,
  Bachelor- und Masterarbeit

- Ihr eigenes eBook und Buch -
  weltweit in allen wichtigen Shops

- Verdienen Sie an jedem Verkauf

Jetzt bei www.GRIN.com hochladen
und kostenlos publizieren

Thomas Morper

Technische Unterstützung von Verträgen im Netz

Wie läuft die Kommunikation zwischen Softwareagenten ab?

GRIN Verlag

Bibliografische Information der Deutschen Nationalbibliothek:

Die Deutsche Bibliothek verzeichnet diese Publikation in der Deutschen National-
bibliografie; detaillierte bibliografische Daten sind im Internet über http://dnb.d-
nb.de/ abrufbar.

Dieses Werk sowie alle darin enthaltenen einzelnen Beiträge und Abbildungen
sind urheberrechtlich geschützt. Jede Verwertung, die nicht ausdrücklich vom
Urheberrechtsschutz zugelassen ist, bedarf der vorherigen Zustimmung des Verla-
ges. Das gilt insbesondere für Vervielfältigungen, Bearbeitungen, Übersetzungen,
Mikroverfilmungen, Auswertungen durch Datenbanken und für die Einspeicherung
und Verarbeitung in elektronische Systeme. Alle Rechte, auch die des auszugsweisen
Nachdrucks, der fotomechanischen Wiedergabe (einschließlich Mikrokopie) sowie
der Auswertung durch Datenbanken oder ähnliche Einrichtungen, vorbehalten.

Impressum:

Copyright © 2005 GRIN Verlag GmbH
Druck und Bindung: Books on Demand GmbH, Norderstedt Germany
ISBN: 978-3-640-36356-8

Dieses Buch bei GRIN:

http://www.grin.com/de/e-book/129744/technische-unterstuetzung-von-vertraegen-
im-netz

GRIN - Your knowledge has value

Der GRIN Verlag publiziert seit 1998 wissenschaftliche Arbeiten von Studenten, Hochschullehrern und anderen Akademikern als eBook und gedrucktes Buch. Die Verlagswebsite www.grin.com ist die ideale Plattform zur Veröffentlichung von Hausarbeiten, Abschlussarbeiten, wissenschaftlichen Aufsätzen, Dissertationen und Fachbüchern.

Besuchen Sie uns im Internet:

http://www.grin.com/

http://www.facebook.com/grincom

http://www.twitter.com/grin_com

Seminar WS 2004/05

Technische Unterstützung von Verträgen im Netz

Agentenkommunikation

Thomas Morper

Institut für Programmstrukturen und Datenorganisation (IPD)

Fakultät für Informatik

Universität Karlsruhe (TH)

BMBF-Forschungsprojekt SESAM

Selbstorganisation und Spontaneität in liberalisierten und harmonisierten Märkten

Einleitung

In dieser Seminararbeit soll der Frage nachgegangen werden, wie die Kommunikation zwischen Softwareagenten abläuft. Neben einigen Grundlegenden Fragen (Was ist Kommunikation eigentlich?) wird daher zu Beginn ein Vergleich der verschiedenen möglichen Formen durchgeführt, wie die Kommunikation zwischen Agenten strukturell aufgebaut sein kann. Daran anschließend wird es als Einschub einige Erläuterung zur Sprachakttheorie geben, die für das spätere Verständnis zum Aufbau von Kommunikationsprotokollen sehr wichtig ist. Zum Schluss werden dann mehrere Kommunikationssprachen ausführlicher vorgestellt.

Kommunikation ist für Agenten essentiell wichtig, um an ihn gestellte Aufgaben bewältigen zu können. Ohne die Fähigkeit zur Kommunikation besteht keine Möglichkeit, von anderen Agenten zu lernen oder Informationen von diesen zu erhalten – was aber zur Lösung von komplexeren Aufgaben unabdingbar ist. In dieser Seminararbeit soll daher der Frage nachgegangen werden, wie Agenten möglichst effizient untereinander kommunizieren können.

Inhaltsverzeichnis

1) Grundlagen der Kommunikation

1.1) Der Begriff „Kommunikation"

Nach Wikipedia versteht man unter Kommunikation „die Übertragung von Informationen durch das Austauschen von Daten" [01]. In der Praxis führt diese relativ allgemein gehaltene Definition dazu, dass sehr unterschiedliche Aktionen als Akt der Kommunikation gelten. Vom einfachen Schrei (z. B. bei Tieren als Signal zur Warnung der Artgenossen vor Feinden) über die teilweise keiner Grammatik-Regel gerecht werdende freie Sprache in menschlichen Unterhaltungen bis hin zur formal genauestens definierten Kommunikation von Computern bzw. anderer elektronischer Geräte.

Allen gemeinsam ist jedoch eines: Der Sender und der Empfänger der Nachricht müssen sich vor Beginn des eigentlichen Kommunikationsaktes auf eine gemeinsame Form und Sprache der Kommunikation geeinigt haben. Andernfalls werden sich Sender und Empfänger nicht verstehen, die Kommunikation als solche würde dadurch nutzlos werden.

1.2) Wozu wird Kommunikation bei Agenten benötigt?

Für viele Aufgaben benötigt man ein Netzwerk von Agenten, da einzelne Agenten oftmals nicht in der Lage sind, „komplexere und größere Probleme zu lösen, da diese oft sehr große Mengen an Wissen bzw. verteilte Problemlösungseinheiten benötigen" [06]. Hat man ein ganzes Netzwerk von Agenten, ein sog. Multiagentensystem, kann ein solches Problem in kleinere Teilprobleme aufgeteilt und, in einer Kooperation der Agenten innerhalb des Multiagentensystems, gelöst werden. In diesem Agentensystem ist eine Kommunikation zwischen den einzelnen Agenten unbedingt nötig, um die Aufgaben aufzuteilen oder um Teilergebnisse untereinander zu kommunizieren.

1.3) Formen der Kommunikation von Agenten

Nach Sattler [04] gibt es bei Agenten – je nach Anwendungsfall - 5 verschiedene Möglichkeiten, eine Kommunikation zu realisieren.

Die einfachste (und in der Informatik generell sehr weit verbreitete) Methode ist der *Prozeduraufruf*. Hierbei ruft ein Agent über das Netzwerk eine öffentliche Funktion eines anderen Agenten auf und bekommt die gewünschten Daten von diesem zurück geliefert. Oftmals ist dieses Verfahren jedoch ungeeignet, da ein Agent dabei viele Details über seine innere

Struktur offen legen muss, was aus Sicherheitsgründen oftmals schlicht und ergreifend inakzeptabel ist. Außerdem müssten bei Änderungen an einer Prozedur eines Agenten auch alle Agenten angepasst werden, die auf diese Prozedur zugreifen.

Als *objektorientierter Ansatz* zur Kommunikation hat sich das Prinzip der Common Object Request Broker Architecture (kurz CORBA) etabliert. Unter CORBA versteht man eine plattformunabhängige Middleware, in der formale Spezifikationen von Klassen und Objekten festgelegt werden. Insbesondere wird hierbei eine eindeutige Adresse und „einem Servant, der den Zustand und das Verhalten eines CORBA-Objektes repräsentiert" [05]. Aus diesen Spezifikationen resultiert ein Schnittstellenmodell, welches dann für die einzelnen verwendeten Programmiersprachen bzw. Systeme umgesetzt werden kann.

Das Prinzip der *indirekten Kommunikation* wurde im Modell „Blackboard" realisiert (siehe Abbildung 1.1). Hierbei wird ein zentraler Speicher eingerichtet, auf den alle Agenten zugreifen können um über ihn „Daten, Wissen und Informationen" aus zu tauschen [04]. Eine direkte Kommunikation zwischen 2 Agenten ist nicht vorgesehen. Alle Daten, die ein Agent anderen Agenten zugänglich mache will, schreibt er in das zentrale Blackboard. Alle anderen Agenten können die gewünschten Informationen dann von dort abholen, wobei eine Filterung durch das Blackboard (z. B. durch Zugangsberechtigungen) möglich ist.

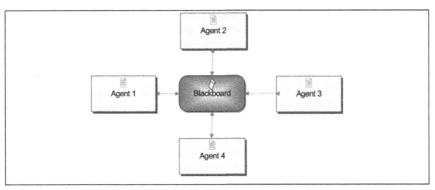

Abb 1.1) Konzeptioneller Aufbau eines Blackboards

Eine Erweiterung dieses Modells ist durch einen Moderator und/oder Dispatcher möglich. Ein Moderator ist ein zentraler Manager, bei dem sich die Agenten um einzelne Aufgaben bewerben müssen, der Moderator verteilt daraufhin die Aufträge an die Agenten. Ein Dispatcher informiert die angeschlossenen Agenten über Veränderungen an den Daten im

Blackboard.

In den meisten Fällen findet das Blackboard-Modell jedoch keine Anwendung, da man bei den meisten Agentensystemen verteilte Intelligenz installieren will, eine Zentrale Wissensdatenbank widerspricht diesem Ansatz komplett. Besonders wichtig ist heutzutage daher die Nachrichten- und Dialogbasierte Kommunikation von Agenten, die im weiteren Verlauf dieses Seminars daher auch ausführlicher betrachtet werden soll.

Bei der *Nachrichten- und Dialogbasierten Kommunikation* von Agenten stehen zwei Agenten in einem direkten Kommunikationsverhältnis zueinander. Um eine solche direkte Kommunikation von Agenten zu ermöglichen, ist es unbedingt erforderlich, ein Kommunikationsprotokoll festzulegen, in dem der Ablauf der Kommunikation, das Format der Nachrichten und die Kommunikationssprache geregelt ist. Beispiele für ein solches Protokoll sind KQML (Knowledge Query and Manipulation Language) und FIPA-ACL, die später noch ausführlich vorgestellt werden.

Als 5. und letztes Modell existiert schließlich noch die *Gruppenkommunikation*. Bei der Gruppenkommunikation findet eine direkte Kommunikation zwischen den einzelnen Agenten statt. Für den Datenaustausch ist ein zentraler Kommunikationskanal vorgesehen, die Daten können nicht nur an einzelne Agenten, sondern, über Broadcast- und Multicast-Adressen, auch an alle Agenten bzw. bestimmte Gruppen von Agenten geschickt werden. Ähnlich wie bei der Nachrichten- und Dialogbasierten Kommunikation ist auch hier ein Protokoll erforderlich.

2) Regeln der Kommunikation

Ein grundsätzliches Problem beim Austausch von Nachrichten ist das dazu notwendige gemeinsame Verständnis des Inhaltes. Insbesondere bei Fragen kommt es häufig vor, dass, je nach dem in welchem Kontext man sie gestellt bekommt, komplett verschiedene Antworten möglich sind. Auf die Frage „Wie hoch ist der IBM-Preis" könnten, je nach Kontext, Antworten mit dem Aktienkurs von IBM, dem Preis für einen best. PC der Marke IBM, oder auch mit Informationen zu einem von IBM gestifteten Unternehmenspreis sinnvoll sein.

Da die Kommunikation zwischen Agenten der menschlichem Kommunikation sehr ähnlich ist, kann die menschliche Kommunikation als Modell für die Agentenkommunikation genutzt werden [10]. Als wichtigstes Modell hierfür gilt die Sprachakt-Theorie von Austin.

2.1) Der Akt des Sprechens

Die Theorie des Sprachaktes (je nach Quelle auch „Sprechakt" genannt) geht auf den britischen Sprachphilosophen John L. Austin zurück, der diese im Jahr 1955 erstmals im Rahmen seiner Vorlesung „How to do things with words" vorstellte [11]. „Die Sprechakttheorie geht davon aus, dass man mit einer Aussage nicht nur einen Sachverhalt beschreiben oder eine Tatsache behaupten kann, sondern einen direkten Einfluss auf seine Umwelt ausübt."

Nach Austin besteht eine Sprechhandlung aus vier Teilen: Lokution (Struktur und Äußerung), Proposition (Aussage über die Welt), Illokution (Ziel) und Perlokution (beabsichtigte Wirkung) [11]. Die Proposition spielt im Rahmen der Agentenkommunikation jedoch keine Rolle.

Überträgt man das für die menschliche Kommunikation gedachte Sprachaktmodell auf die Kommunikation zwischen Agenten, so steht der okutionärer Akt für die Übermittlung einer Nachricht von einem Agenten zu einem anderen, der perlokutionärer Akt für eventuelle Änderungen interner Zustände oder der Wissensbasis eines Agenten durch die Nachricht. Der illokutionärer Akt steht schließlich für den eigentlichen Inhalt der Nachricht [09]

Eben dieser illokutionärer Akt bereitet jedoch die größten Probleme, da die Agenten die Intention immer eindeutig identifizieren müssen. Als Lösung für dieses Problem wird eine eindeutige Kommunikationssprache definiert, in der die Inhaltstypen einer Nachricht exakt definiert sind. Wichtig bei diesen Sprachen ist, dass man die möglichen illokutionären Performative in Klassen einteilt (z. B. „Befehle", „Beschreibungen", „Zusicherungen", ...) und ihre Auswirkungen exakt definiert.

Um das ganze etwas anschaulicher zu machen, hier ein konkretes Beispiel: Ich befinde mich zusammen mit einer anderen Person, nennen wir sie Andreas, in einem Raum, und sage zu Andreas „Verlasse bitte das Zimmer!". Der lokutäre Akt in diesem Beispiel ist das reine aussprechen des Satzes „Verlasse bitte das Zimmer!". Mein Wunsch, dass Andreas das Zimmer verlassen soll, stellt den illokutionären Akt dar.

Soweit ist alles klar. Jedoch ist der perlokutionäre Akt nicht vorhersehbar, da ich nicht weiß, wie Andreas auf meinen Wunsch reagiert – möglicherweise verlässt er den Raum, möglicherweise aber auch nicht. Von weiteren Folgen (möglicherweise ist Andreas sauer wegen meines Rauswurfes und spricht die nächsten 4 Wochen kein Wort mehr mit mir) ganz zu schweigen.

3) Agentenkommunikationssprachen

„Unter Agentenkommunikationssprachen versteht man Sprachen, die es intelligenten Agenten erlauben, in verteilten Systemen wie dem Internet zu kommunizieren und Wissen auszutauschen." [16]

Im Gegensatz zu den Sprachen zur eigentlichen Wissensdarstellung, die zum großen Teil im Rahmen von Forschungen zum Thema künstliche Intelligenz entworfen wurden, stammen die Kommunikationssprachen meist direkt aus Arbeiten, bei denen Agenten im Vordergrund standen. Sie sind meist sehr anwendungsbezogen und prozedural aufgebaut (Inhaltssprachen: meist funktional und abstrakt) [08].

Agentenkommunikationssprachen definieren kein low-Level Transportprotokoll, sondern setzten auf bestehenden Transportprotokollen (z. B. HTTP) auf.

Die beiden mit Abstand am meisten verbreiteten Kommunikationssprachen sind KQML und FIPA. Grundlage dieser Sprachen ist XML. Sowohl KQML als auch FIPA werden im Folgenden näher vorgestellt.

3.1) Arten der Nachrichten zwischen Agenten

Je nach Quelle ([02], [03] und weitere) wird zwischen 4 oder 5 verschiedenen Arten von Nachrichten zwischen Agenten unterschieden:

• Informationen: Informationen können Meldungen über den eigenen Systemstatus (z. B. regelmäßige Informationen oder Informationen über das Erreichen eines bestimmten Systemstatus) sein.

• Fragen: Ein Agent kann Informationen von einem (oder mehreren) Agenten explizit anfordern.

• Antworten: Antworten sind konkrete Reaktionen auf Fragen eines anderen Agenten. Wichtig: Antworten gelten als ein anderer Kommunikationstyp als Informationen.

• Aufforderungen / Befehle: Ein Agent kann einen anderen Agenten auffordern, eine bestimmte Handlung auszuführen. Dies kann zum einen für das Erreichen eines Zieles nötig sein (Zusammenarbeit bei einem Vertragsabschluss), zum anderen kann es nötig werden, dass ein Administratoragent andere Agenten (beispielsweise bei Fehlfunktion) deaktiviert.

• Bestätigungen: Eine Bestätigung eines Agenten für einen Befehl (Ist nur in [02] vorgesehen, nicht in [03].

3.2) KQML

Der KQML-Standart (Knowledge Query and Manipulation Language) wurde erstmal im Jahr 1993 von der Projektgruppe „ARPA Knowledge Sharing Effort" am Department of Computer Science and Electrical Engineering an der Universität von Maryland veröffentlicht [07]. Ziel dieses Projektes war der Aufbau großer Wissensdatenbanken.

3.2.1) Grundlagen

In KQML wurde sowohl das Format der Nachrichten als auch der Übertragungsmechanismus zwischen den Agenten festgelegt. Grundlage von KQML ist das Prinzip der Sprechakte. Um das Problem der mehrdeutigen Aussagen zu beheben, trennt KQML die Semantik des Protokolls von der Semantik des Inhaltes einer übertragenen Nachricht. Um möglichst einfache Agenten zu ermöglichen, beschränkt sich KQML außerdem auf wenige, aber absolut präzise Kommunikationsakte. [17]

Nicht festgelegt wurde jedoch das Format des eigentlichen Inhalts der Nachrichten. Wohl aber ist vorgeschrieben, dass die gesamte Information, die zum Verständnis des Inhaltes einer Nachricht nötig ist, in ihr enthalten sein muss. Dies bedeutet, das sowohl die illokutionäre Kraft, die Sprache und die Ontologie der Nachricht im KQML-Paket angegeben sein müssen. [17]

KQML als Kommunikationssprache steht somit auf der mittleren der 3 Ebenen eines Kommunikationsprotokolls, umgeben von der Transportsprache und der Sprache des Inhaltes.

Je nach Einsatzgebiet können für den Inhalt der Kommunikationspakete verschiedene Sprachen verwendet werden. Der Inhalt der Nachrichten wird daher bei der Verarbeitung auch nicht betrachtet [04]. Allerdings setzt dies voraus, dass in jeder Nachricht ein explizites Feld vorgesehen ist, in dem die Sprache des Inhalts und die zu Grunde gelegte Ontologie angegeben wird, sofern diese nicht bereits aus dem Kontext der laufenden Kommunikation bekannt sind.

3.2.2) Aufbau einer Nachricht

Eine KQML-Nachricht besteht aus 3 Ebenen [09]. In der Kommunikationsebene werden Sender und Empfänger der Nachricht festgehalten. Der Nachrichtentyp sowie eventuelle Nachrichtenparameter und deren Werte stehen in der Nachrichtenebene, der eigentliche

Nachrichteninhalt in der Inhaltsebene.

Zwar sind in KQML bereits einige Nachrichtentypen vorgesehen, die auch für die meisten Anwendungsfälle einen ausreichenden Sprachschatz darstellen sollten. Trotzdem ist es jederzeit möglich, für ein Agentensystem weitere, an den individuellen Bedarf angepasste, Nachrichtentypen zu definieren.

Die im KQML Standart vorgesehenen Nachrichtentypen lassen sich in 7 Kategorien einteilen. Eine Übersicht über diese 7 Kategorien inkl. einer Auswahl von dazu gehörigen Nachrichtentypen bietet die Tabelle in Abbildung 3.1:

Kategorie	Nachrichtentypen
Grundlegende Anfrage	evaluate, ask-one, ask-all, ...
Multireaktionen Anfrage	stream-in, stream-all, ...
Antworten	reply, sorry, ...
Generische Information ausführen	tell, achieve, cancel, untell, unachieve, ...
Erzeuger ausführen	standby, ready, next, rest, ...
Fähigkeits-Definition ausführen	advertise, subscribe, monitor
Netzwerk-organisatorisch	register, unregister, forward, broadcast, ...

Abb 3.1) Übersicht über einige Nachrichtentypen, übernommen aus [15]

3.2.3) KQML – Eine Beispielkommunikation

Als Beispiel einer Kommunikation zweier Agenten ist hier ein Szenario dargestellt, bei dem der Agent Geldautomat beim Agenten Bankserver den Kontostand eines Kunden abfragt (Abbildung 3.2). Der Server der Bank antwortet auf die Anfrage des Geldautomaten mit dem Kontostand des Kunden (Abbildung 3.3)

```
/* Nachrichtenebene */
(ask-one
        /* Kommunikationsebene */
        :sender geldautomat
        :receiver kontoserver
        :in-reply-with kontostand_kunde_1
        /* Inhaltsebene */
        :content (KONTOSTAND KUNDE1 ?saldo)
        /* Nachrichtenebene */
        :language PROLOG
        :ontology Kontoverwaltung
)
```

Abb. 3.2) KQML-Anfrage des Geldautomaten

```
/* Nachrichtenebene */
(tell
        /* Kommunikationsebene */
        :sender kontoserver
        :receiver geldautomat
        :in-reply-to kontostand_kunde_1
        /* Inhaltsebene */
        :content (KONTOSTAND KUNDE1 1500)
        /* Nachrichtenebene */
        :language PROLOG
        :ontology Kontoverwaltung
)
```

Abb. 3.3) KQML-Antwort des Bankservers

3.2.4) Vermittler-Agenten

Bei einfachen Szenarien treten nur reine Punkt-zu-Punkt Verbindungen auf. In Abbildung 3.4 ist ein solches Szenario zu sehen, bei dem Agent A eine Anfrage (ask(x)) an Agent B schickt und von diesem direkt die Antwort (tell(x)) erhält.

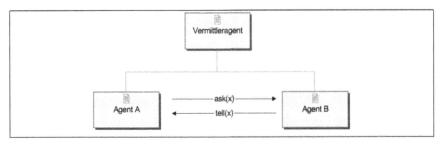

Abb. 3.4) Szenario ohne aktiven Vermittleragenten

KQML unterstützt jedoch auch den Aufbau von komplexeren Kommunikationsszenarien. Für diese Szenarien wurde eine eigene Agentenklasse geschaffen, die so genannten „Vermittleragenten". Diese Vermittleragenten führen keine Berechnungen oder ähnliches durch, sondern sind einzig und alleine für Kommunikationsaufgaben vorgesehen. Darunter fällt zum Beispiel die Registrierung von Diensten oder Vermittlungsaufgaben.

Eine Möglichkeit für ein solches Szenario ist in Abbildung 3.5 dargestellt. Agent A benötigt – genauso wie mehrere andere Agenten - in regelmäßigen Abständen Informationen von Agenten B. Um Agenten B von der dadurch entstehenden Kommunikation zu entlasten (er müsste die Daten ja sonst an jeden einzelnen der Agenten, die seine Informationen benötigen, senden), schickt Agent A die Anfrage nicht direkt an Agent B, sondern abonniert die gewünschten Informationen beim Vermittleragenten. Dieser sendet (in regelmäßigen Abständen) die eigentliche Anfrage an Agent B, erhält von diesem die gewünschten Informationen zurück und sendet diese wiederum an alle bei ihm registrierten Agenten, unter anderem eben auch Agent A.

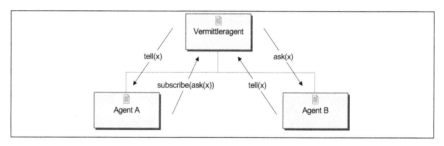

Abb. 3.5) Szenario mit aktivem Vermittleragenten

Eine andere Möglichkeit, bei der Vermittleragenten benötigt werden, ist das so genannte weiterleiten (forwarding). In einigen Fällen kann es vorkommen, dass ein Agent seine Anfrage nicht direkt an den Agenten schicken kann, an den die Anfrage eigentlich gerichtet ist. Dies kann z. B. der Fall sein, wenn die Anfragen an einen Agenten aus Lastgründen auf mehrere, parallele aufgebaute Agenten, verteilt werden soll. In einem solchen Fall wird die eigentlichen KQML-Nachricht verschachtelt in eine zweite Nachricht eingefügt und an einen Vermittler geschickt. Dieser sendet die gekapselte eigentliche Nachricht dann an den vom Sender gewünschten Empfänger weiter. Ob dieser die Antwort dann direkt an den Agenten schickt, von dem die ursprüngliche Anfrage kam, oder ob er wieder den Weg über den

Vermittler wählt, kann je nach Szenario individuell entschieden werden.

Ein Beispiel für ein solches Szenario ist in Abbildung 3.6 dargestellt. Es handelt sich dabei um die selbe Anfrage wie in Abbildung 3.2. Diesmal wird sie jedoch nicht direkt vom Geldautomaten an den Kontoserver gesendet, sondern erst an einen Dispatcher, der sie dann an den Kontoserver weiterleitet.

Vermittleragenten sind vor allem auch deswegen sehr wichtig, da KQML-Nachrichten grundsätzlich immer als Unicast-Nachricht von einem Agenten zu einem bestimmten anderen Agenten gesendet werden können. Um eine Nachricht zu multi- oder broadcasten ist es daher nötig, einen Vermittleragenten damit zu beauftragen, eine Nachricht einzeln an eine bestimmte Menge von Agenten zu senden.

```
(forward
        :from geldautomat
        :to kontoserver
        :sender geldautomat
        :receiver dispatcher
        :language KQML
        :ontology kqml-ontology
        :content (ask-one
                :sender geldautomat
                :receiver kontoserver
                :in-reply-with kontostand_kunde_1
                :content (KONTOSTAND KUNDE1 ?saldo)
                :language PROLOG
                :ontology Kontoverwaltung
        )
)
```

Abb. 3.6) Die selbe Anfrage wie in Abb 3.2, diesmal jedoch über den Dispatcher an den Kontoserver weiterleitet.

3.3) FIPA-ACL

Ein großes Problem bei KQML ist die Tatsache, dass die Performativen nicht in Ihrer Semantik definiert wurden. [14] Dies erfordert bei KQML-Implementierungen „nachträgliche Formulierungen über Vor-, Nach-, und Abschlussbedingungen" [14]. Während des FIPA-Projektes wurde daher auf der Basis von KQML eine neue Agentenkommunikationssprache definiert.

Als Teilbereich der Forschung der Foundation for Intelligent Physical Agents (FIPA) entstand die Agentenkommunikationssprache (Agent Communication Language) FIPA-ACL. Ziel von FIPA-ACL war es, „Agenten die Möglichkeit zu Informations- und Wissensaustausch zu geben, dabei aber auch gleichzeitig die interne Struktur vor dem Kommunikationspartner zu verbergen" [12]. Im Gegensatz beispielsweise zum Ansatz von COBRA haben die Agenten beim Ansatz von FIPA-ACL insbesondere keinen Zugriff auf einzelne Prozeduren eines anderen Agenten.

Da FIPA-ACL auf KQML basiert und die Kommunikationspakete identisch aufgebaut sind (KQML entstand ca. 10 Jahre vor FIPA-ACL, bei der Einführung von FIPA-ACL wurde auf Abwärtskompatibilität wert gelegt um bei einem Umstieg vorhandene Systeme wie zum Beispiel Sprach-Parser weiterverwenden zu können) verzichte ich an dieser Stelle auf eine komplette Vorstellung von FIPA-ACL und stelle nur die Unterschiede zu KQML dar.

FIPA-ACL stellt den Agenten einige über den KQML-Standart hinausgehende Erweiterungen zur Verfügung. So haben Agenten beim FIPA-ACL Protokoll die Möglichkeit, „ihren gesendeten Nachrichten Kategorien zuzuweisen und den genauen Zeitpunkt des Abschickens festzuhalten." [13]

Um den großen Mangel von KQML zu beseitigen, wurden bei FIPA-ACL formale Spezifikationen zur Semantik der einzelnen „Communication Acts" festgelegt – zum einen „Feasibility Conditions", zum anderen „Rational Effects". Eine Feasibility Condition stellt dabei eine Machbarkeitsbedingung dar, an die sich jeder Agent beim Senden einer Nachricht halten muss, um eine korrekte Verarbeitung seiner Nachricht zu ermöglichen. Die Rational Effects stellen die Effekte dar, welche beim Empfänger einer Nachricht durch diese ausgelöst werden soll. [18] Ob dieser Effekt am Ende wirklich eintritt, kann jedoch nicht garantiert werden: Eine Anfrage nach bestimmten Informationen, die der gefragte Agent gar nicht kennt, können natürlich auch nicht wie gewünscht von ihm geliefert werden. Der Rational Effect stellt lediglich den Wunsch des Senders dar.

Problematisch hierbei ist jedoch, dass es bislang keine Möglichkeit gibt, „wie ein existierender Agent auf seine Konformität bezüglich der Semantik geprüft werden könnte" [18]. Problematisch bei der Verifikation ist, dass der „mentale Zustand des Agenten (seine Vorstellung, Intentionen, etc.) mit in die Verifikation einfließen" [18]. Dies sind jedoch dynamische Eigenschaften eines Agenten, die erst zur Laufzeit des Agenten und nicht schon bei dessen Implementierung zur Verfügung stehen. Bislang ist unklar, ob Möglichkeiten bestehen, dynamische Eigenschaften eines Agenten anhand seiner Implementierung zu überprüfen [18].

4) Sprachen für den Inhalt von Kommunikationsakten

Als Sprache für den eigentlichen Inhalt eines KQML- oder FIPA-ACL-Kommunikations-paketes kommen – je nach Anwendungsgebiet - diverse Sprachen in Frage. Unter anderem sind dies Prolog, Lisp, KIF, HTML, XML oder SQL. Eine Auswahl dieser Sprachen werde ich in diesem Kapitel vorstellen.

4.1) KIF

Das Knowledge Interchange Format (kurz: KIF), ein DARPA Projekt (Defence Advance Research Project), wurde erstmals im Jahr 1993 als Standard verabschiedet. KIF stellt eine formale Syntax zur Wissensrepräsentation dar, die auf der Prädikatenlogik aufbaut.

Wie beispielsweise auch PostScript ist KIF eine Sprache, die mit der Intention geschaffen wurde, Kommunikation zwischen den unterschiedlichsten Geräten und Programmen zu er-möglichen [19]. KIF sollte möglichst unabhängig von der Programmiersprache, dem Be-triebssystem oder anderen Eigenschaften eines (Agenten)Systems sein. KIF war jedoch ausdrücklich nicht zur Interaktion von Computern mit Menschen gedacht, auch wenn KIF-Ausdrücke Menschenlesbar sind. [20]

Die Entwickler von KIF hatten sich nicht zum Ziel gesetzt, „dass mit der Sprache effizient logische Schlüsse gezogen werden können, sondern dass mit der Sprache fast alles Wissen ausgedrückt werden kann." [19] In KIF können daher neben einfachen Daten auch Be-schränkungen, Negationen, Disjunktionen, Regeln, quantifizierte Ausdrücke und Meta-In-formationen beschrieben werden.

Die Semantik des KIF -Kernes (KIF ohne Rules und Definitionen) ist vergleichbar mit einer Logik erster Ordnung. Trotz einiger Erweiterungen und Beschränkungen behält der Kern von KIF die grundlegenden Eigenschaften einer Logik erster Ordnung, inklusive Kompaktheit und Halbentscheidbarkeit.

Als erstes stellt KIF eine Möglichkeit dar, einfache Daten aus zu drücken, wie das Beispiel in Abbildung 4.1 zeigt. Bei diesem Ausschnitt aus einer KIF-Gehaltsdatenbank Neben der Personalnummer und dem Nachnamen ist als Argument das Gehalt der einzelnen Personen gespeichert.

```
(Gehalt 015-46-3946 Maier 20000)
(Gehalt 234-78-6827 Müller 72000)
(Gehalt 158-65-2349 Schmidt 45000)
```

Abb 4.1) Ein Ausschnitt aus einer KIF-Gehaltsdatenbank.

Aufwändigere Informationen können durch den Gebrauch von diversen logischen Operanden dargestellt werden. Zu beachten ist dabei, dass KIF eine Präfix-Notation verwendet – der Operand steht also vor dem ersten der beiden Argumente. Mehrere Argumente müssen entsprechend geklammert werden. In Abbildung 4.2 wird dargestellt, wie man in KIF ausdrücken kann, dass die Grundfläche von Haus 1 größer ist als die von Haus 2. Um die Grundfläche der beiden Häuser zu berechnen, wird jeweils die Länge mit der Breite multipliziert.

```
(> (* (Länge Haus1) (Breite Haus1))
   (* (Länge Haus2) (Breite Haus2)) )
```

Abb 4.2) Ein KIF-Ausdruck dafür, dass die Grundfläche von Haus1 größer ist als die von Haus2.

Der Sprachschatz von KIF enthält eine Vielzahl von logischen Operatoren, die es ermöglichen, logische Informationen dar zu stellen, wie zum Beispiel Negationen, Disjunktionen, Regeln, quantifizierte Formeln, usw. . Ein Beispiel dafür ist in Abb. 4.3 dargestellt. Aus der Tatsache, dass x eine reelle Zahl und n eine gerade, ganze Zahl ist, wird hier impliziert, dass x potenziert mit n eine positive Zahl (größer 0) ergibt. Eine Anmerkung noch zum Verständnis: Zeichenketten mit vorangestelltem Fragezeichen werden in KIF als Variablen interpretiert.

```
(=> (and (real-number ?x) (even-number ?n))
    (> (expt ?x ?n) 0)                        )
```

Abb. 4.3) Logische Verknüpfung von Informationen in KIF

Eine weitere wichtige Funktionalität von KIF ist die Kodierung von Metawissen. Hierzu wurden insbesondere Operatoren ' und , vorgesehen. Der in Abb. 4.4 dargestellte KIF-Ausdruck zeigt an, dass Agent Buchhaltung daran interessiert ist, Touple aus der Datenbank Gehalt (vgl. Abb 4.1) zu erhalten. Die Kommas zeigen an, dass die Variablen nicht wörtlich genommen werden sollen – Buchhaltung interessiert sich für die aus der Datenbank resultierenden Instanzen der Anfrage.

```
(interested Buchhaltung `(Gehalt ,?x ,?y ,?z))
```

Abb. 4.4) Agent Buchhaltung fragt nach Einträgen in der Gehaltsdatenbank

Eine andere Möglichkeit von KIF ist die Beschreibung von Prozeduren. Dadurch ist es möglich, ein Script oder Programm auf einem anderen Agenten ablaufen zu lassen. Durch die Präfixnotation von KIF ähneln die in KIF geschriebenen Programme solchen aus Programmiersprachen wie Lisp oder Scheme.

In Abb. 4.5 wird ein Beispiel dargestellt, in dem zwischen zwei Zeilenvorschüben eine Textausgabe von „Hello World!" stattfindet.

```
(progn (fresh-line t)
       (print "Hello World!")
       (fresh-line t)   )
```

Abb. 4.5) Ein einfaches Beispiel für ein in KIF geschriebenes Programm.

4.2) SQL

SQL (Structured Query Language) ist eine für relationale Datenbanken entworfene Abfragesprache, die sich jedoch auch für (Wissens)Agenten sehr gut eignet. Der SQL-Standard wurde erstmals 1976 verabschiedet und basierte auf der 1974 geschaffenen "Structured English Query Language", kurz SEQUEL.

In SQL wurde eine relativ einfache, an der englischen Umgangssprache angelehnte Syntax definiert. Enthalten sind eine Reihe von Befehlen zur Definition von relationalen Datenstrukturen, zur Manipulation von Datenbeständen (z. B. Einfügen, Bearbeiten oder Löschen) und zur Abfrage von Daten.

Unterteilt ist SQL in 3 Sprachbereiche: Die Data Manipulation Language (kurz DML), in der Befehle zur Datenabfrage und -Manipulation definiert sind, die Data Definition Language (DDL), in der Befehle zur Definition von Datenelementen abgelegt sind, sowie der Data Control Language (DCL), die sich mit der Rechteverwaltung beschäftigt [21].

In dieser Ausarbeitung werde ich mich auf die Data Manipulation Language beschränken, da hier die Prozeduren definiert sind, die für Anwendungen mit SQL die mit Abstand größte Rolle spielen. Die Befehle der Data Definition Language und Data Control Language dienen der Verwaltung bzw. Administration von Datenbanken und spielen bei Anwendungen von Agenten eine deutlich untergeordnete Rolle.

Um alle Daten aus der Gehaltsdatenbank (vgl. Abb. 4.1) zu erhalten, genügt die in Abbildung 4.6 dargestellte Anfrage an den Datenbankagenten. Als Antwort werden erhält der anfragende Agent sämtliche Einträge der Gehaltsdatenbank zurückgeliefert.

```
SELECT * FROM Gehalt
```

Abb. 4.6) Eine einfache Anfrage an die Gehaltsdatenbank.

Eine kleine Modifikation dieser Anfrage genügt aus, um nur bestimmte Einträge der Datenbank zu erhalten. Dazu wird an die SQL-Abfrage der Ausdruck „WHERE" angefügt, gefolgt von einer Bedingung. Diese Bedingung kann verschieden formuliert sein. Neben der Suche nach bestimmten Namen („WHERE Name=Maier") kann z. B. auch nach Personen gesucht werden, die in eine bestimmte Gehaltsklasse fallen („WHERE Gehalt > 30.000"). Die beiden kompletten Anfragen dazu sind in Abbildung 4.7 dargestellt.

```
SELECT * FROM Gehalt WHERE Name="Maier"
SELECT * FROM Gehlat WHERE Gehalt>30000
```

Abb. 4.7) Modifizierte Abfrage aus 4.6, jetzt mit Bedingungen für die Abfragen

Eine weitere Modifikation erlaubt es, die Daten in einer gewissen Sortierung darzustellen. Dazu kann ein weiterer Parameter „ORDER BY" an die SQL-Abfrage angefügt werden. Abbildung 4.8 zeigt eine derartige Abfrage, bei der alle Mitarbeiter mit einem Gehalt von mindestens 30.000 Euro ausgegeben werden. Die als Antwort zurückgegebene Liste erhält der Agent sortiert nach dem Gehalt der einzelnen Angestellten in aufsteigender Reihenfolge. Wird eine absteigende Reihenfolge gewünscht, muss ans Ende des SQL-Ausdrucks noch ein „DESC" eingefügt werden.

```
SELECT * FROM Gehalt WHERE Gehalt>30000 ORDER BY Gehalt
```

Abb. 4.8) Eine Anfrage, um die Mitarbeiter mit einem Gehalt von mehr als 30.000 Euro zu erhalten, sortiert nach dem Gehalt.

In einigen Anwendungsfällen interessieren jedoch gar nicht die genauen Einträge, sondern lediglich deren Anzahl. Auch für derartige Anwendungsfälle existieren passende Ausdrücke im Sprachschatz von SQL. Abbildung 4.9 zeigt eine Anfrage, bei der der anfragende Agent als Rückgabe eine einzeilige Tabelle mit zwei Spalten erhält. In der ersten steht „Anzahl_Mitarbeiter", in der zweiten die gezählte Anzahl an Einträgen in der Datenbank.

```
SELECT COUNT(*) AS Anzahl_Mitarbeiter FROM Gehalt
```

Abb. 4.9) Es werden die Anzahl der Einträge in der Gehaltsdatenbank gezählt.

Eine weitere Form derartiger Zählungen ist möglich, in dem man die Häufigkeit gewisser Einträge zählen lässt. Durch ein anfügen von „GROUP BY Name" an den letzten Ausdruck (wie in Abbildung 4.10 gezeigt) erreicht man, dass nicht mehr die Gesamtzahl der Einträge in der Datenbank zurück gegeben werden, sondern eine Liste mit einer Aufstellung aller Namen, die in der Datenbank auftreten und der Häufigkeit, wie oft sie jeweils auftreten.

```
SELECT COUNT(*) AS Anzahl_Mitarbeiter FROM Gehalt GROUP BY Name
```

Abb. 4.10) Auflistung aller in der Datenbank auftretenden Namen und der Häufigkeit des Auftretens.

Neben den SQL-Ausdrücken zum Abfragen von Datenbeständen sind natürlich auch Ausdrücke zum Anlegen und Verändern von Datenbeständen in der Data Manipulation Language vorgesehen.

Abbildung 4.11 zeigt einen SQL-Ausdruck zum Einfügen eines neuen Datensatzes. In der vorderen Klammer werden die Datenbankfelder angegeben, in die Daten eingefügt werden (andere bleiben leer oder werden mit einem default-Wert gefüllt), in der hinteren werden die dazugehörigen Werte angegeben.

```
INSERT INTO Gehalt (PersNr, Name, Gehalt) VALUES
(' 123-45-6789', 'Morper', '90000')
```

Abb. 4.11) In die Gehaltsdatenbank wird ein neuer Datensatz eingefügt.

Natürlich ist es neben dem Einfügen auch möglich, bestehenden Datensätze zu ändern. Dabei ist zu beachten, dass man eine entsprechende Bedingung so zu wählen, dass nur die Datensätze abgeändert werden, die man auch wirklich ändern will. Um beim Beispiel der Gehaltsdatenbank zu bleiben: Hier ist es sicher angebracht, bei Änderungen an den Einträgen einzelner Personen die Personalnummer als Bedingung anzugeben und nicht den Nachnamen, da der selbe Name sicher mehrfach vorkommen kann. Ein Beispiel für eine Änderung am Datenbestand zeigt Abbildung 4.12:

```
UPDATE Gehalt SET Gehalt='30000' WHERE
PersNr='123-45-6789'
```

Abb. 4.12)Im Eintrag zur Personalnummer 123-45-6789 wird das Gehalt auf 30.000 geändert.

Als weiterer wichtiger Befehl in der Data Manipulation Language steht der Befehl delete zur Verfügung, um nicht mehr benötigte Daten zu löschen. Der einfachst mögliche SQL-Ausdruck dazu löscht alle Einträge aus der angegebenen Datenbank (Siehe Abb 4.13).

```
DELETE FROM Gehalt
```

Abb. 4.13) Dieser Ausdruck löscht alle Einträge aus der Gehaltsdatenbank.

In den meisten Fällen ist es jedoch nicht sinnvoll, die Datenbankeinträge komplett zu löschen. Daher ist es selbstverständlich möglich, durch Angabe eines oder mehrere Parameter nur einzelne Einträge zu löschen. Der in Abbildung 4.14 erweiterte Ausdruck löscht in der Gehaltsdatenbank nur noch die Einträge, bei denen der Name „Morper" enthalten ist.

```
DELETE FROM Gehalt WHERE Name='Morper'
```

Abb. 4.14) Der erweiterte Ausdruck zum löschen von ausgewählten Einträgen.

Zusammenfassung

In dieser Seminararbeit wurde ein Einblick gegeben, was man unter Kommunikation versteht, und welche Möglichkeiten es für den organisatorischen Aufbau eines Kommunikationsszenarios gibt. Nachdem sich herausgestellt hat, dass die Nachrichten- und dialogbasierte Kommunikation für Agentensysteme am besten geeignet ist, wurde als Grundlage dieser Kommunikationsform die Sprachakttheorie von Austin erläutert.

Im Anschluss an diese Grundlagen wurden mehrere Sprachen zur Kommunikation vorgestellt, zum einen für die Kommunikationsebene (KQML und FIPA-ACL), zum anderen für die Inhaltsebene (KIF und SQL).

Ein eigentlich zum Abschluss des Themas gedachtes Kapitel mit Schwerpunkt Sicherheit von Agentenkommunikation musste leider wieder verworfen werden, da hier erschreckend wenig Material zu finden ist. Zwar findet sich Material in Zusammenhang mit der Sicherheit von Agentenplattformen, nicht jedoch in Hinblick auf die Kommunikation von Agenten. Offensichtlich besteht zu diesem Aspekt enormer Nachholbedarf.

Literaturnachweis

[01]   http://de.wikipedia.org/wiki/Kommunikation

[02]   Russel et al: „Künstliche Intelligenz", 2. Auflage, Pearson Studium, 2004

[03]   http://www.informatik.fh-luebeck.de/inf/Diplom/Kaben99/

[04]   http://wwwiti.cs.uni-magdeburg.de/iti_db/lehre/softwareagenten/

[05]   http://www.computerbase.de/lexikon/CORBA

[06]   http://www.ifs.univie.ac.at/wiim2002/69/SoftwareAgents01.doc

[07]   http://www.cs.umbc.edu/kqml

[08]   http://www.fim.uni-linz.ac.at/lva/Spez_Kap_Computernetzwerke_Netz-
werke_und_Agenten_VO/ws2002/Kommunikation,Sicherheit.pps

[09]   http://www11.informatik.tu-muenchen.de/lehre/vorlesungen/ss2002/vp/extensi-
on/html/whiteboard/vp_course1-menu.html

[10]   http://www.ikp.uni-bonn.de/dt/lehre/materialien/hs_wissensformate/Multiagen-
tensysteme_proto.doc

[11]   http://de.wikipedia.org/wiki/Sprechakt

[12]   http://www.informatik.uni-ulm.de/ki/Edu/Diplomarbeiten/mschalk-dipl.html

[13]   http://web455.can14.de/studium/multiagenten.pdf

[14]   http://ki.informatik.uni-wuerzburg.de/teach/ss-2004/vki/

[15]   http://www.ipd.uni-karlsruhe.de/~oosem/ISEC03/ausarbeitung/LanLiu.pdf

[16]   http://www.stud.fernuni-hagen.de/q4559630/seminar1914/

[17]   http://www.ikp.uni-bonn.de/dt/lehre/materialien/hs_wissensformate/multiagen-
tensysteme.pdf

[18]   http://www.techfak.uni-bielefeld.de/ags/wbski/lehre/digiSA/SS04/Seminar_Agen-
tensysteme/ausarbeitungen/Agentenkommunikationssprachen.pdf

[19]   http://de.wikipedia.org/wiki/Knowledge_Interchange_Format

[20]   http://logic.stanford.edu/kif/dpans.html

[21]   http://de.wikipedia.org/wiki/SQL

www.ingramcontent.com/pod-product-compliance
Lightning Source LLC
La Vergne TN
LVHW042316060326
832902LV00009B/1531